# Fractured

Neha Singh

BookLeaf Publishing

India | USA | UK

Presentation by *BookLeaf Publishing*

Web: www.bookleafpub.com

E-mail: info@bookleafpub.com

ISBN: 9789360942557

First edition 2024

# Acknowledgement

This book would not have been possible without His Grace, Guidance and Mercy.
I'm also grateful to the three men in my life,
My father Cdr. R. P Singh, my husband Sanjay and my son Shaan.

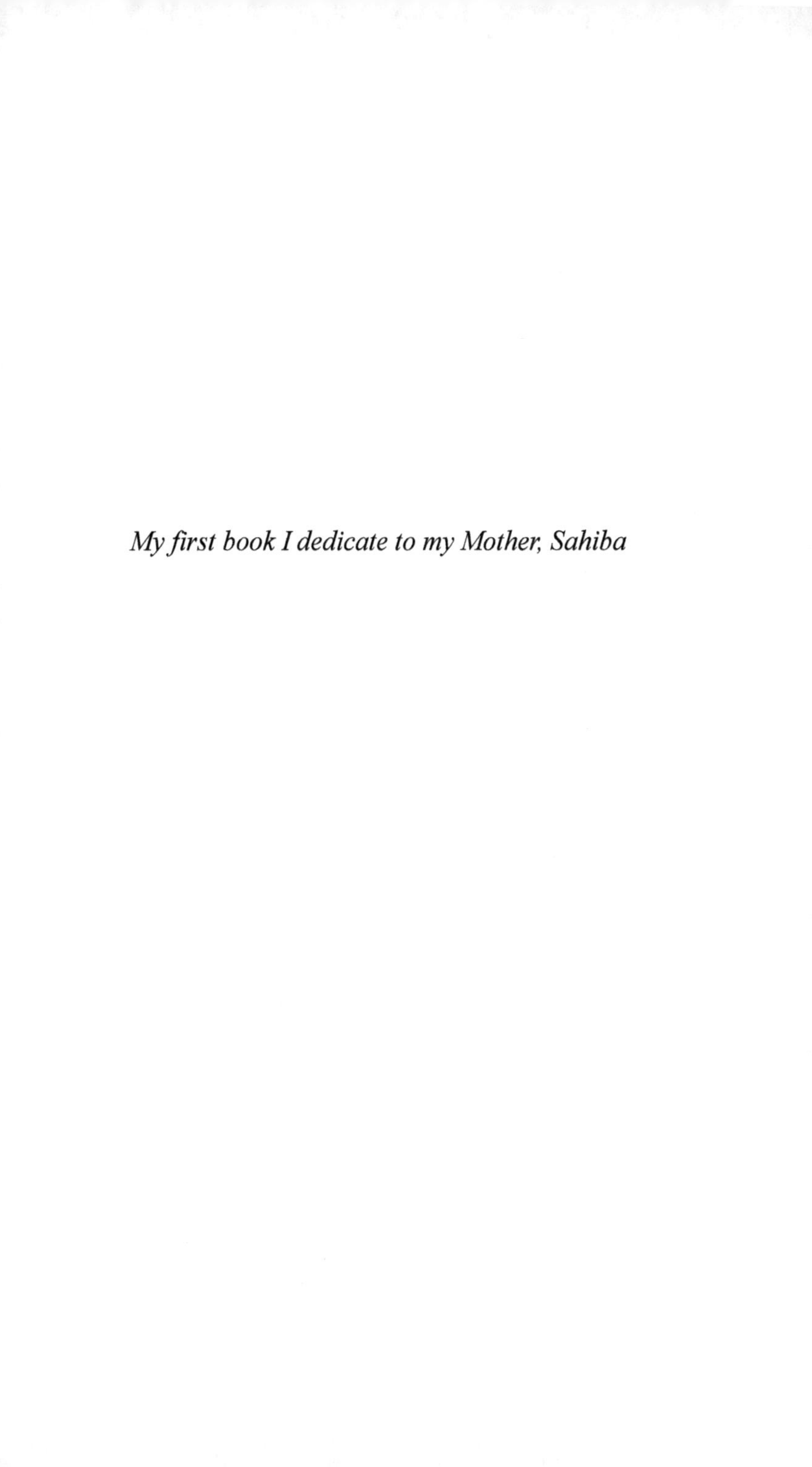

*My first book I dedicate to my Mother, Sahiba*

# Pink

"Be a good girl" I shall from saying, refrain
The price is too high and deep goes the pain
Be bold my darling, be kind, all the same,
let not self-worth you confuse with vain
Be humble my darling, but head held high,
make a difference to those nigh
Let not your mind be shackled, may you be free
to express
But beware my darling, a world in duress
A thinker, a doer, may you be
And challenging status quo, become a hobby.
I'm always here for you, my darling
May you a "good girl" never be.

# Blue

Blue is your hue the world will say,
Make up your own mind my little bae

Engines will whir, muscles will ripple,
If you choose to ignore it shan't be without peril
But go the distance my little one
And don't pay heed…

For soon you shall know
Only you can make you
In thought and in deed.

# Heartbeat

My stomach has a beat
It lets me know
It's there, a reminder constant, I know
With racing pulse and throbbing heartbeat,
I begin to show
It makes me smile just to think of the joy
I'm about to know
With silver streak and wrinkles anew, tiger
stripes all in tow,
The rising heat, with tempers to match,
the bluish veins and saggy breasts, medals of
honour
for all to see and few to know ….
My stomach has a beat it lets me know

# Ode to the one I cannot see

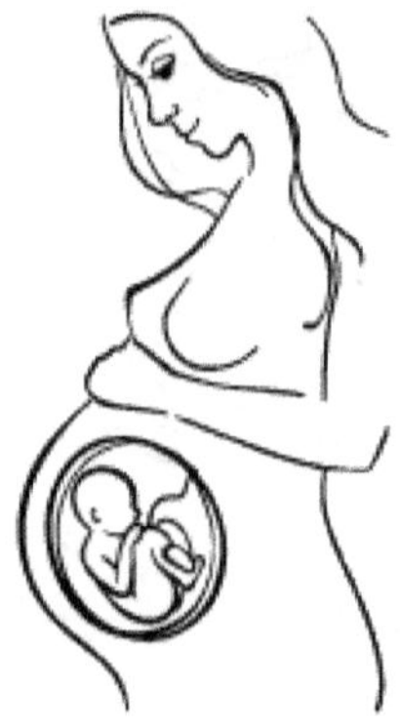

I feel you inside, I feel you deep
A part of me, apart from me,
In only some time always with me,
You live because of me and soon the scene
reversed it will be
I feel you inside, I feel you deep
A part of me, apart from me.

# Obedience

I'm tiny, I need help
I'm naive, I need a path
I'm straight, I need a guide
I'm smart, I need to know
I'm your child, I need love

You bore me
You carried me
You loathe me
You taunt me

I'm not what you expected
I try…hard
You beat harder
I challenge, you subvert
I question, you silence
I break, you retreat

I'm a problem,
You get rid of me

Protector violator tyrant abuser…Husband?
Manipulator liar cheater abuser…
Partner?

You found me, a **You.**

# Mother

My back aches…
The weight of expectations wears me down
My creative soul rebels, frees itself from
shackling restrictions
I breathe, I breathe, I fly,
How dare she? A gilded confine we must offer
Success! the guarantee of a better life, gold from
the promised land
The entrapment is complete.
Patriarchy one, Feminism zero.

Protector violator tyrant abuser…husband?
Manipulator liar cheater abuser…
Partner?
Hand in glove they perpetuate the perfect union

My back aches…the dull pain numbs my senses
Lulls me distraught
Hope eluding, trust rusting, care imaginary
I give in, I suspend, I sink

A Green life, raw, pure, untouched, innocent,
dependent
I must endure, I must renew, I must surrender
The weight of expectations wears me down
I struggle, I blunder, I surge

The sapling finds roots
Strong and Straight it rises
Supporting and growing
Proud and poignant
I Win!
Now rooted on foreign soil

My back aches…
The weight of expectations wears me down

# Sister

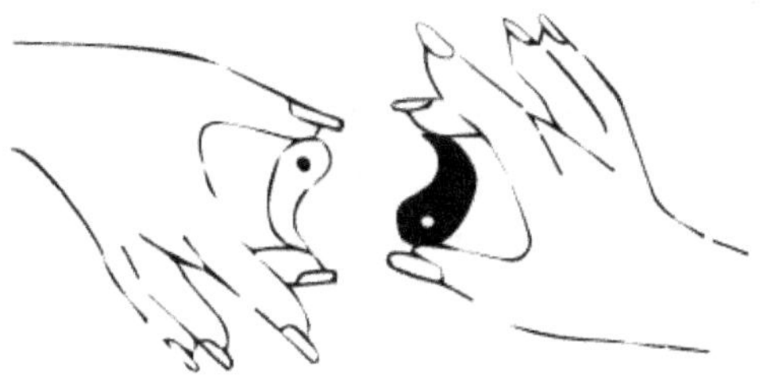

Born of the same, yet opposed
From childhood apart, yet together
Yin and Yang
Flip sides of a coin
Adulation turned to contempt
Adoration to disdain
Judged for choices not mine
Shunned for image not true
The distance now a canyon
Hurtling towards an abyss
no remorse in sight
The straw that could have blown away,
breaks the bond
How could one so young be so unkind
Like a mother, I cherished
Like an ungrateful child, you retaliated
The unkindest cut of all
The betrayal deep and unforgiving
The heart ruptured, refusing repair

An awakening much required
The Mirror of Trust shattered
Truth reveals its ugly face
Your brood once mine
Generations now put asunder
Your joys once mine now yours alone
Your fears once mine now yours alone
Your ache once mine now yours alone
What did you earn? In deficit you remain
I trust, I love, I give,
I nurture, I support, I prosper
Your countenance altered
I remain the same
I gather the remains of a bond
Broken, shattered splintered
Born of the same, yet opposed
From childhood apart, yet together.

# Holi

When the colour of your skin is the reason for
your privilege or the lack of it
When the Silver in his hair makes him
distinguished and the Grey in yours makes you
old
When on the ramp she's dusky, but at home she's
saawli
When the same white is the American bride's
choice but takes away the Indian widow's
choices.
For your 5-year-old it's pure joy but the same
rainbow in a gay parade is sheer embarrassment.
Religion has no colour yet,
Red is auspicious and the green on the flag of
our neighbour makes you see Red.

Colour doesn't have a gender, yet pink is girlie and blue is not
but on the cricket field, our girls in blue are as much our pride as our boys in blue.
श्वेत और श्याम एक ही सिक्के के दो पहलू
गर श्याम न हो तो श्वेत का अस्तित्व क्या?
ज़हन का कोई रंग नहीं
ज़िंदगी के रंग हजार
मुस्तकबिल का कोई रंग नहीं
माज़ी बेशक रंगदार
चौरासी के फेर में फंसे आप और मैं
रंगों के मोहताज ना थे ना हैं।
रंगनी है तो सूरत नहीं, सीरत रंगो
अबीर गुलाल की आध्यात्मिक होली खेलो।
मन को श्वेत रखो
और मस्तिष्क पर टीका साजो।
Happy Holi!

# Convex

My form large, my spirit larger
Your gaze glazes over me,
I try not to judge…I'm not so fortunate,
You are a fruit of your environment, I tell myself
And so am I
A lifelong tangled affair with food
A treat if you're good, none if you're bad
Rebellious girls don't get dinner,
Starvation, their punishment…
The vicious circle continues
I'm happy, My piece of cake
I'm sad, my pieces of cake
I rebel, I starve
I conform, I eat
My Nourishment is my Punishment
My thoughts my Enemy
I deprive to deserve
I deserve to serve

I serve to earn…
Earn my place, my sustenance
I eat to live, I live to deserve
I deserve to live

# Nature

The bough breaks under the weight of her
thoughts
The lake glistens as it listens
The silent cicadas interrupt noisy leaves
The wooden plank pregnant with life's burden
She roams silently life's untrodden trails
The murky visage sheltering depths unknown
The fresh air choking her
The chill warming her volcanic innards
The solace of nature informing hers
The tall shadows of dark memories
Climbing steadily the slopes of noisy
contemplation
The traffic of a life unfulfilled passes by
The sprightly green countenance camouflaging
the decaying brown interior
The verdant foliage no match for her arid soul
The tumultuous waves of gloom
flourish in the desert-scape of her mind
The universe at loggerheads with her microcosm

She strives for peace
She strives for silence
The uproar deafening her attempts
The random brushstrokes of her life-canvas
paint a painful portrait
The architect of her life
leaves her in ruins
An artist she must be
painting patience and nurture into her life-mural
Nature and nature sowing discord
The bough breaks under the weight of her
thoughts.

# Fractured

My scars hurt, my skin alabaster
My mind is foggy, my thoughts clear
"She's pretty wholesome"….my pieces scatter
She's a good mother…I protect him, when I
couldn't myself
My pain seeps deep, my smile perfect
I plan, I execute, I function, I excel…
I'm broken, I'm empty, I'm damaged…I fail
My avocado life, a symbol of everything I hate
Posh, sophisticated, cool, green outside
Stony, cold, hard, brown, inside
The walls that protect, close in on me
The hand that shelters is, raised;
My tortoise shell home, I retreat into
Accusatory eyes declare me snobby
No darlings, I'm insulating
The winter of my life never-ending…

My scars hurt, my skin alabaster
My mind is foggy, my thoughts clear

# Together

I'm never more alone than when I'm with you
In sickness and health?
Solitary in sickness, together in health…
It takes two to tango my love
I dance alone
My love language, you ask?
I'm fluent in sarcasm
My Dantesque seven circles around the pyre…
My undoing
In tandem, out of step
We prance
My passenger seat, your possession
My navigation, shepherding your dithering life
My True North, mercurial
My compass, obliterated
I supply counsel
My soul-coffers empty

I impart solace
My mind vacant
nevertheless allows you contemplation
I was to sail, my life's ocean unexplored
My nautical miles age on
My rudderless life
Your anchor
Anchored, I sink.

# Narcissist

He destroys my life with lies
His can be shattered with the truth
My truth is my own covert though it may seem
Exposed your lies aren't, yet
As he carefully crafts his untruths
I struggle with validation
He denies, he lies
He lies, so others hate me
I lie, so others like him
He, countenance altered, in others' presence
The masks come on, the evil sheds
My truth offends you
Truth offends you
I repeat myself
You repeat yourself
The impasse wears on
I hold on to hope amidst pain

Hold on to connection diving the depths of
isolation
Holding on to stability surrounded by
unpredictability
Choosing Familiarity when overwhelmed and
confused
Like a frog on slow boil
I stew and stay
My body in status quo
He condescends, counters, corrects
I care, caress, comfort
With the stability of a rope bridge
I navigate tumultuous life waters
He, entitled and envious
I, empathetic and enlightened
A quota of copious narcissistic supply
That's all I am
Provocation and Reaction your arsenal
Patience and Quiet, mine
Grievances etched in your memory
Promises forgotten
A life half lived, a dream unrealised
Potential smothered
I, a mannequin dressed and displayed
wait my warehouse turn
Goodbye, my being
I give in, I give up.

# Winner

You are a victim of your own circus
The gilded cage houses both
My life skills outweigh yours, but I'm
"dependent"
My quotients superior, yet I'm "inferior"
I screen, recruit, train and retain
I strategise, organise, implement
I manage, maintain, motivate
I'm the HR, Accounts, Admin, Planning
I'm the CEO
My uterus does not define me, my intellect does
My hopes and fears are only my own
But yours are mine too
My failure is mine alone
but yours is mine
My dreams wispy thoughts
yours stony resolves
It's an uneven world, ours,
cobbled realities, potholed visions

The crest you, the trough me
You judged for grey matter, me for grey hair
Depression the great leveller,
You and me afflicted
I'm a legacy fighter, you a winner
So, you surrender, I triumph
You are a victim of your own circus.

# Words

A room with a view is all I need
My purse strings free
And spirit soaring
The ink flowing, my thoughts catching up
Fledglings flown, an empty nest
A full heart and fuller pen
Pregnant with hope
Success abandons me
I care not
My victory being written in another realm
My words, my swords
I hack the jungle of expectations down
The clearing emerges victorious
My expressions on paper now
Indignant, Poignant, Deliberate

The thoughts fly off the paper
Real, into a world of their manifesting
My words swell, breaking out
Spreading into an alien realm
Spawning a future lit with hope
I write, I survive
I write, I thrive
My key to riches unknown
The secret to euphoric fulfilment
My glee intertwined with my utterance
The paper now bursting
With Potteresque magic
my words now live and breathe
I pass on, they live on
Forever for all to read
And few to comprehend.

# Madras

I walk through the streets with a love so Grand a
sweet shop by the same name is where I land
My heart holds secrets vast and varied
Like the Marina's waves, it swells frenzied
From the bustle of T Nagar to Adyar's calm
Musings in Mylapore and parottas in Perungudi
Each street, its own flavour, each turn, caressing
the senses
Chennai is its whiffs
Where the jasmine blends seamlessly with
Sambaar
The thick scent of filter coffee and the sound of
the early morning mridangam
Where maamis in rainbow pattu sarees bustle
with girls in their mithai coloured pavadais
A flawless blend of old and new
Pongal and Pop
Kanjeevaram and Kup

San Thome and Sushi
Knk and Kilpauk
Bessy Beach and Bounce
Madras, the emotion I carry deep in my heart,
Chennai, the city I long to live in

# Alma Mater

From the The garland of Gopalapuram'
To the crown of cathedral
The monarch of the Marina
These are the alma mater
I walked the halls of
My Arya Samaji cathedral where
the havan kund crackled, the basketball court
sizzled
The Madras heat no match for them
A stern war widow overseeing
girls blossom into young women
A martyred son, he buried
mustering the strength to mentor other sons
Both my principals embodying principles

Under the banyan the banter was bold
futures discussed and stories told,
The hallowed hall of books
A refuge bar none
Once a Marian, always a Marian

The British architecture belying its Indian
identity
My university hallmarks my ability
Treasured moments in classes
Hurried lunches in buses
Emeralds of wisdom
Groups and fiefdoms
Pranks and punishment
Tears and fears
Friends and frenemies
Somewhere between innocent laughter and
shared secrets,
I grew up.

# 2019 में इश्क़

एक ज़माना था जब दिल के तार जोड़ने का इंतजार
करते थे,
आजकल नेटवर्क का इंतज़ार है…

कार में बैठकर जाते हैं,
एक ही जगह पर खड़े, दौड़ लगाने के लिए,
सुबह की धूप छुए काफ़ी वक्त हो गया है…

कॉफ़ी के प्यालों में ढूंढते हैं रिश्ते,
बिल भरने तक की मोहलत है,
कभी हमारी रिहाइश पर आइए,
अनगिनत चाय के प्यालों के बीच,
शायद हम आपको और आप हमें मिल जाएं…

ख़रीद फ़रोख़्त में ज़िंदगी गुज़री जा रही है
सौदेबाज़ी में माहिर हो चले हैं
हम दाम लगाने की होड़ में
कीमत भुलाए जा रहे हैं…

शाइस्ता सी ज़िंदगी गुज़ारा करते थे हम
आपसे तआरुफ़ जो हुआ, बेहया हो गए
अब ना पाकीज़गीलुभाती है और ना ही हम मुक़द्दस
हो पाएंगे
बस आपके ख्वाबों में हम ज़लील हो जाएंगे...


फोन पर उंगली कभी दाएं कभी बाएं फिरती है
वालदेन अब रिश्ते लाने से कतराते हैं,
खुद ही ढूंढ लो बेटा ऐप पर,
वह फर्ज़ और ज़िम्मेदारी से रिहा हुए हैं
हम अपने ही बनाए दायरे में कैद हुए हैं...


आज आबो हवा मैं एक मुख्तसर सी रूहानियत है,
आज मौसम ने सारे गिले-शिकवे भुला कर आवाज़ दी
है,
आज जवाब देकर इसकी तौहीन ना करो,
बस फिज़ाओं में शामिल होकर इसे हसीन करो...


हर शगल आपके फ़ोन का मोहताज है
शराफ़त का भी कोई ऐप होगा
तो उसे डाउनलोड करें,
आपकी शख्सियत दुआएं देगी...


उन दो नीले अलामत की बेचैनी,
दिल-ए-हाल की तशवीश
२०१९ में इश्क़ क्या हुआ आपसे ज़्यादा,
हम अपने फ़ोन से जुड़ने लगे...

आप शहर छोड़ के क्या गए
मौसम ही बदल गया
हवा ख़ुश्क हो गई, ख़ुर्शीद छिप गया
बस ख़्यालों और ख़्वाहिशों की धुंध में जिए जा रहे
हैं...

# उम्मीद

दिल का हुजरा साफ़ कर
कहीं इश्क़ पे दाग ना लग जाए!
हम से आप तक के फ़ासले में
कहीं यह खो ना जाए!

किसी को क्या समझाएँ।
हमें खुद ही हैरत होती है।
कल ही की तो बात है ...
क्या इतनी जल्दी मोहब्बत होती है

ऐतबार नहीं होता अपने नसीब पर
यह ख़ुशी है या ख़ुशफ़हमी?
सराहें अपनी क़िस्मत या हैरत करें?
दिल की सुनें या दिमाग़ की?

एक शिद्दत है, हमारी मोहब्बत में
एक मंसूबा है, पाक सा
एक उम्मीद है, गहरी सी
एक जज़्बा है, संजीदा सा
एक मुलाक़ात है, मुल्तवी सी

एक एहसास है, ख़ूबसूरत सा!
अंजाम ए' मोहब्बत अब
होगी ख़ुदा की नेमत
यही है यक़ीन अधूरा सा!

दरख़्त भी खोजे है छाँव गहरी।
बरगद भी माँगे आसमान की छतरी।
तू अपने दुःख छुपाए है।
सुकून बाँटने की चाह में,
आ पास! मेरे हमसफ़र!
तुझे आग़ोश में पनाह दूँ।
खुली साँस लेनी की वजह दूँ।

बेगरज इश्क़ है मेरा,
तू सौंपे ख़ुद को मेरे हवाले,
मैं समेट लूँ।
माज़ी के घाव अभी भरे नहीं।
ताज़ी चोट अभी गहरी लगी
कुछ देर तो रुक जाते
दर्द सहा ना जाएगा
ज़ख़्म अभी कुरेदो नहीं।

रेत सी शख़्सियत है हमारी!
जिस साँचे में ढालोगे ढल जाएँगे।
कहोगे तो पास रहेंगे।
कहोगे तो दूर हो जाएँगे।
रेत सी शख़्सियत है हमारी!
तुम्हें अब आदत नहीं रिश्ते सँभालने की
और हमारी यही ख़ासियत है।

रेत सी शख़्सियत है हमारी!
अलहदा हो मुझसे तुम।
पर फिर भी मेरे हो तुम।
ऐसा नहीं कि हम कमज़ोर हैं!
आपकी हर ख्वाहिश हम पूरी करते हैं।
आपके लिए हम वक्त निकालते हैं।

ऐसा नहीं कि हम कमज़ोर हैं।
आपकी आवाज़, आपका हर शग़ल, सर आँखों पर!
ज़हन के शोर को आपकी गुफ़्तगू से ख़ामोश करते हैं।
ऐसा नहीं कि हम कमज़ोर हैं!
आख़िर खुद से ज़्यादा किसी और को
अहमियत देने को ही तो मोहब्बत कहते हैं!

ठोकर खा के, सम्भले हैं, दोनों!
चोट खाए हैं गहरी, दोनों!
गिर के हैं उठे, दोनों!
फ़र्क इतना सा है…
हम आज भी, दिल पे चोट खाने को हैं तैयार।
ग़र मोहब्बत की गुंजाइश दिखे,
तुमने रखा है, सीने में दिल सँभाल।
ताकि कोई पहुँच ना सके!

अधूरी हूँ मैं!
अधूरे तुम!
ना मुकम्म्मल मैं!
ना मुकम्म्मल तुम!
आ जाओ! आज एक ही लिहाफ़ में सिमट के,
हो जाऊँ पूरी मैं, हो जाओ पूरे तुम!

उम्मीद रुख़्सत हो गई थी!
हौसले बिखर गए थे!
मरासिम में मोहब्बत ना रही थी!
हम टूट गए थे ...
तू साहिर बनके आया ज़िंदगी में!
तेरी मोहब्बत ने रूह में नई जान फूंकी है।

मेरी जान, तुम्हारे आने से उदासी रुख़्सत हुई है।
ज़िंदगी के दोराहे पे खड़ी हूँ!
राहें धुंधली सी हैं मगर मंज़िल नज़र आती है!
नज़रिया बदलने की देर है।
उसने कहा...मैं हूँ तुम्हारे साथ।
क्या पता था?
अल्फ़ाज़ में इतनी हिम्मत होती है!

तुम पहले क्यूँ नहीं मिले?
हमारी रूह तुमसे जुड़ कर आज़ाद होती है!
एक साया सा है, मेरी शख़्सियत पर!
डरावना सा!
जो घेरे है मेरे ख़्वाब...
ज़ंजीर टूटती नहीं
बस चाहिए तेरा साथ!
क़ैद कर लो, हमें अपनी बाहों में की आज रिहाई की
चाहत नहीं।
दुनिया बसती उन बाहों में!

आज शिकस्त की फ़िक्र नहीं!
अंजाम तक लेके जाना है, ख़्वाइश-ऐ-इश्क़!

दीदार की तमन्ना है।
वो इश्क़ कितना पाकीज़ा होगा
जहां लम्स की चाहत तो है।
पर शर्त नहीं!
ख़ुदी की क़ुर्बानी से,
होती है इश्क़ की शुरुआत!

जब हम में तुम, हो
और तुम में हम!
तो क्या ख़ुदी और क्या ख़ुदा ?
तुम हो मंज़र, ख़ुर्शीद तुम ही!

अफ़ाक़ तुम हो, मंज़िल तुम्हीं!
इश्क़ तुम हो, आशिक़ी तुम्ही!
बस तुम ही तुम हो, और कोई नहीं!
दायरों में क़ैद होता नहीं इश्क़!

सिमटे नहीं सिमट ता है इश्क़!
हदों को समझता नहीं इश्क़!
ज़िंदगी है इश्क़!
क़बूल करता है इश्क़!

आलस की कोई दवा नहीं होती।
बहानों की खान में हवा नहीं होती।
मसरूफ़ियत का दुशाला ओढ़े
आपकी आलसी शख़्सियत बयान नहीं होती!

# मौजूद-ओ-मयस्सर

१.
ए मेरे लाईल के हमसफर
क्या गिलाह है तुझे सुबह के फजर से?
मेरे चांद, कभी अपनी रोशनी
दिन का सहर बनके बाँटा कर…
२.
ऐसा भी क्या सहर, शब का?
सिसकियों में गुज़रा करती हैं रातें
सुबह का नूर अलहदा है हज़ूर,
पाकीज़गी को मौका देकर देखिए…
३.
अहमियत दी, तो मगरूर हो गए हुज़ूर

हम अपनी तफ़सील से, तआरुफ़ कराना चाह रहे थे आपका,
अब लगता है यह मंसूबा,
मुल्तवी हुआ… कयामत तक

४.

उनकी कुर्बत कि आस हमें फना कर रही है,
और इस बात का उनको इल्म भी नहीं
यहां हम दिल चीर के खड़े हैं,
और उनको कैफियत लेने की फ़िक्र नहीं,
जनाब मसरूफ़ हैं या मगरूर अब तक खबर नहीं

५.

अपनी आवाज़ और सूरत से महरूम रखते हो, फिर पूछते हो क्या हुआ,
मुस्तकबिल की दुहाई देकर, दिल तोड़ देते हो, फिर पूछते हो क्या हुआ,
जज़्बातों को रौंदकर, बेफिक्र बढ़ जाते हो फिर पूछते हो क्या हुआ,
वाह मिर्ज़ा! क्या खूब लहजा है सूरत-ए-हाल पूछने का!

६.

अजीब दस्तूर है ज़माने का… दूर कोई हो जाता है,
फ़ासले किसी और को महसूस होते हैं,
हंस लीजिए हुज़ूर आप भी ज़माने के साथ…
अलहदा होने में क्या रखा है?

७.

दाम लगाने वाला खुद बिक चुका है,
बिन खरीदे तुम मेरी मिल्कियत हो तो बात बने,
कहते हैं की बेदाम गुलामी मुश्किल होती है…
बहरहाल,

मुश्किल तो ज़िंदगी भी है, पर जी रहे हैं ना?
८.
आज मरासिम और मुजस्सिम से ऊपर उठने का
फैसला किया है,
रूह को छूकर, फलक को पाने का इरादा किया है…
९.
आपकी मसरूफ़ियत हाय अल्लाह!
तबाही मचा रही है, सूरते हाल बयां क्या करें…
दोज़क में खैर कौन पूछता है?
१०.
तुम्हारी बेरुखी ने हमे शायरा बना दिया,
कहीं गलती से इश्क़ कर बैठते, तो हम
मुआलज़ीमजान ना होते?

११.
मुस्तकबिल की फिक्र में, तबाह किए जा रहे हैं,
मौजूदा हाल
अरे मिर्ज़ा… कल किसने देखा है?
आज पर गौर करें फिलहाल!

# दिल की आवाज़

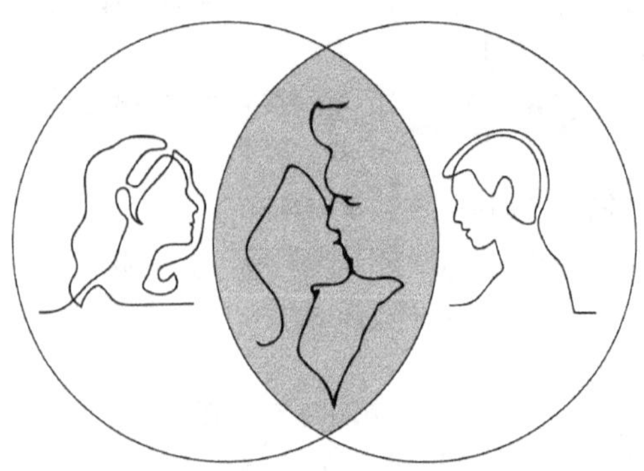

१.

वह अपने कस्बे की तस्वीरें भेज-भेज कर
बिन बुलाए पुकारते हैं
हुज़ूर पुकार कर तो देखिए...
शायद आपकी किस्मत मसूद हो जाए?

२.

आपके अक्स को देखकर मुस्कुराया करते हैं
ख़्ज़्सियत से रूबरू होने का मौका दे दीजिए अब
वरना ज़ालिम दुनिया वाले ताजीख करते-करते
हाल-ए-दिल के चिथड़े ना उड़ा दे

३.

अरास्ता करती हूं अराइश की फरमाइश पर
एक लम्हा निहारा भी नहीं
और चले गए...
चन्ना, मेरे दिल की आरज़ू को

अपने अरमानों की तरह
ना कुचलो
यह नाज़ुक है
हमारे इरादों की तरह मज़बूत नहीं


४.
कह दो कि तुम्हारी सांसे बढ़ती नहीं
कह दो कि तुम्हारे लभ थरथराते नहीं
कह दो कि हमारी आंखें दिलकश नहीं
कह दो कि हमारी शख़्सियत खुशनुमा नहीं
आज सच से इनहिराफ होकर, कह भी डालो
जो ना तुम में कहने की हिम्मत है...
और ना हम में सुनने की


५.
वो कहते हैं कि उन्हें अपने जज़्बातों पर यकीन नहीं
शुबा तो हमें भी है...
बहरहाल
बेरहमी से पेश आने का हुनर तो उनकी खासियत
लगती है


६.
इतने भी ज़ालिम ना हो मिर्ज़ा
वक्त को कंजूसी से खर्च ना करो मिर्ज़ा
वक्त की रेत हाथों से कब फिसल जाए
आप हाथ ही मलते ना रह जाए


७.
आपसे तारुफ अभी-अभी हुआ है

जान पहचान का सिलसिला शुरू हुआ है
शख़्सियत उभर कर आ रही है
तफसील रूबरू हो रही है
इस सिलसिले को जारी रहने दो,
यह दो पहियों की गाड़ी है,
एक, से ना चल पाएगी
इसे दो से ही चलने दो…
८.दिल की सुनो मिर्ज़ा
इश्क़, दिमाग का ज़ोर ले नहीं पाएगा,
दो पल की ज़िंदगी है
इसे सोच-सोच कर बर्बाद ना करो मिर्ज़ा


९.
काश कि तुम मेरे हाथ में पकड़े तारों को देख पाते
काश कि तुम मेरी आंखों में कैद फूल गिन पाते
काश कि तुम मेरे ख्यालों में ना रहते
काश कि तुम अपने आप को मेरी नजरों से महसूस
करते
काश ये इश्क़ ना होता
काश हम आपके होते और आपको पता भी ना होता


१०.
माना कि हमने साथ रहने की कसमें नहीं खाईं
माना कि तुमने कोई वायदे नहीं किए
मगर वफा के सिले से तुम महरूम रहो
यह हमें गवारा नहीं
किसी दूसरे के साथ तुम्हें बाँटें
यह हमारा इरादा नहीं

११.

वह आए हमारी ज़िंदगी में, चले जाने के लिए
हम आए हैं उनकी ज़िंदगी में, सिले के लिए
इस आने-जाने के सिलसिले में
फायदा किसी और का ना हो जाए
मानो कि वह आए थे, फकत
हमें रंजिश देने के लिए...


१२.

जायज़ा ले रहे हैं वह हमारी तस्वीश का
इन्तेहाँ ले रहे हैं वह हमारे सब्र का
मौकापरस्तों की दुनिया में कमी नहीं है
कीमत लगाने वालों की महफ़िल में
कदरदान का इंतज़ार है...


१३.

यह तुम्हारा कसूर नहीं कि तुम्हारी शख़्सियत
तुम्हारे नाम का एहतराम करती है
जब नाम में ही एक वायदा हो, ना हिलने का,
तो तुम्हारा ज़िद्दी होना लाज़मी है...


१४.

हर रात एक नया ख्वाब देखता हूं
रंगीन है मेरी शामें
इन रातों में शामिल कभी ना होना
तुम तो सुबह कि वह एहतराम किरण हो
जिससे आज़ान शुरू होती है
और दिन का आगाज़ होता है
इस पाकीज़गी को मैला करने का जुर्म हमसे ना होगा

१५.
हमारे बीच के सन्नाटे में डूब रही हूं मैं
मांजी की कश्ती, कब तक साथ देगी?
मुस्तकबिल का किनारा पुकार रहा है...

# शिक़स्त दिल और मायूसी

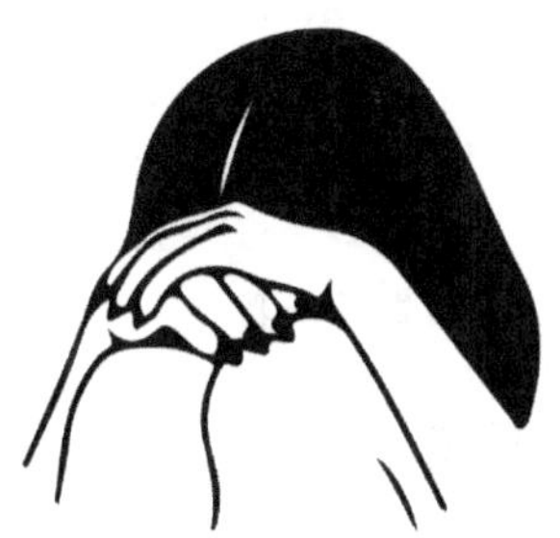

हमारा दिल चकनाचूर करके ऐसे आगे बढ़ गए जैसे
कोई रिश्ता ही ना था,
बिखरे हुए टुकड़ों के जनाजे में ऐसे शामिल हुए जैसे
कोई रिश्ता ही ना था,
फिजाओं में हमारे बे-सिला इश्क के तराने उन्होंने
अनसुने कर दिए, जैसे कोई रिश्ता ही ना था!

उनका दावा है कि हमारी सलामती की दुआ मांगते हैं,
मगर क्या वह इस बात से अनजान हैं...
कि हमारी खुशियां भी उनकी मोहताज है?

बगुलों की भीड़ में हंस चुना था,
हंस को खुद पर ऐतबार ही न था...
बगुलों में जा शामिल हुआ

कभी हम आपके लिए बहुत ज़हीन हैं,
कभी ज्यादा रंगीन
ऐसे ही पैमाने बदलते रहे हुज़ूर,
तो इश्क़ क्या... इसकी ख़ाक भी ना हाथ आएगी!

सिर्फ तुम्हारा वक्त ही तो मांगा था,
कम जरफी की इंतहा होती है,
कुछ लम्हें भी ना खर्च कर पाए, हम पर?

इश्क़ से अश्क तक का फासला कब तय करवा दिया
तुमने
रज़ा भी न थी, दिल भी न था
यह कैसी ज़बरदस्ती थी,
तुमने हमको लूट लिया!

हमें हमारा गुनाह तो बता देते, मिर्ज़ा
हमारा गुनाह क्या था?
तुमसे मोहब्बत?
यह गुनाह तो हम कयामत तक करेंगे,
सुनवाई के लिए आओगे ना?

ऐ बर्बाद करने वाले,
तेरे लिए आज भी, दिल से दुआ ही निकलती है,
तूने हमें किसी का ना छोड़ा,
ना अपना बनने दिया…

दिल का ज़ख्म भरते-भरते भरेगा,
तीर निशाना चूक गया…
दिल पर निशाना था,
मगर रूह को चीर गया

आ जाओ तुम भी हमारी बर्बादी का जलसा देखने,
दुनिया वाले शरीख हो चुके हैं,
मेहमान-ए-खास का इंतजार है…

दिल हल्का करने की ख्वाहिश है आज,
तुम्हारे दरवाजे पर दस्तक देने की ख्वाहिश है आज,
दिल के मंसूबों को अंजाम तक पहुंचाने की ख्वाहिश है
आज,
एक रहनुमा की ख्वाहिश है आज,
अर्जी दे दीजिए हुज़ूर मंज़ूर करने की ख्वाहिश है आज

खामोश है वो जश्ने बर्बादी पर,
नज़रबंद है वो हमारी तन्हाई से आज,
दिल के काफिले मोड़ लिए उन्होंने हमारी गली से
आज
जब आज ही इतना कहर ढा रहा है...
तो मुस्तकबिल से क्या डरना?

दुनिया के लिए नकाब पहन लिया है पर ज़हन को
अपने दिले जिगर से कैसे छुपाए?
हां वादा किया था तुमसे ताल्लुक नहीं रखेंगे,
एक वादा आज हम भी तोड़ के देखते हैं...

गम देकर, किस गम से हमें बचा रहे थे?
फकीर को फकीरी पढ़ा रहे थे,
ऐसे फ़िज़ूल काम ना किया करें मियां...
ज़माने में मसले बढ़ाया ना करें मियां

यादें इजात हुई थी कि रौंद दी गई
सांसे तेज़ हुई ही थीं, कि दबा दी गईं
लब पे हाल-ए-दिल आने के ख़ौफ़ से जो तूने
इश्क़ का जनाज़ा निकाल दिया
तो रिहा हुए तुम बिन बोले वायदे से...

कागज़ के पन्नों की स्याही के बीच उलझी यादें,
कलम ने तो बेजोड़ कोशिश की थी…
मगर जब इश्क़ ही दम तोड़ दे,
तो काग़ज़ और कलम की इस लड़ाई में… शिकस्त तो
मरासिम की हुई ना?

जो इश्क़ शुरू होने से पहले खत्म हो जाए, ऐसे इसका
क्या गम करना?
जो आशिक आशिकी से घबराए, ऐसे आशिक से क्या
गिला रखना?
जाओ आजा़द किया तुम्हें हमारे ख्यालों की हवालात
से…
शायद मेरी फिजा़ का तुम पर कुछ असर हो जाए?